Künstliche Intelligenz ei

Liebe Leserinnen und Leser,

herzlich willkommen zu dem Buch "Künstliche Intelligenz einfach erklärt". Die künstliche Intelligenz hat eine bedeutende Rolle in unserer heutigen Welt eingenommen und beeinflusst unseren Alltag in vielerlei Hinsicht. In diesem Buch möchten wir Ihnen die Grundlagen der künstlichen Intelligenz vermitteln, ohne in technische Details zu versinken.

Unser Ziel ist es, Ihnen einfache und verständliche Erklärungen zu bieten, damit Sie die Grundprinzipien der künstlichen Intelligenz verstehen können. Wir werden verschiedene Themen behandeln, wie maschinelles Lernen, neuronale Netzwerke und Computer Vision. Dabei werden wir auch auf ethische Fragen eingehen, die mit der Nutzung und Entwicklung von künstlicher Intelligenz einhergehen.

Wir möchten Ihnen eine Vorstellung davon vermitteln, wie die künstliche Intelligenz unsere Welt beeinflusst und wie sie sich in der Zukunft weiterentwickeln könnte. Das Buch soll informativ und gleichzeitig spannend zu lesen sein, um Ihre Neugier zu wecken.

Ein herzliches Dankeschön an alle, die an der Entstehung dieses Buches mitgewirkt haben, sowie an Sie, liebe Leserinnen und Leser, für Ihr Interesse an der faszinierenden Welt der künstlichen Intelligenz.

Viel Freude beim Lesen und Entdecken der künstlichen Intelligenz!

Mit herzlichen Grüßen,

Kevin van Olafson

Inhaltsverzeichnis

Kapitel 1:
Einführung in Künstliche Intelligenz

Willkommen in der faszinierenden Welt der Künstlichen Intelligenz! In diesem Kapitel werden wir uns ausführlich mit den Grundlagen beschäftigen und einen umfassenden Einblick in dieses spannende Thema erhalten.

Künstliche Intelligenz, auch bekannt als KI, ist ein Bereich der Informatik, der sich mit der Entwicklung von Systemen befasst, die menschenähnliche Intelligenz aufweisen. Das Ziel der KI besteht darin, Computer dazu zu befähigen, zu lernen, zu verstehen, zu denken und intelligent zu handeln – ähnlich wie wir Menschen es tun.

Die Idee der Künstlichen Intelligenz ist jedoch nicht neu. Bereits in den 1950er Jahren begannen Wissenschaftler damit, Computer zu entwickeln, die menschliche Denkprozesse simulieren sollten. Damals war die Technologie jedoch noch sehr begrenzt, und es dauerte einige Zeit, bis die KI zu dem wurde, was sie heute ist.

Im Verlauf der Jahrzehnte hat sich die KI kontinuierlich weiterentwickelt und beeinflusst mittlerweile viele Aspekte unseres täglichen Lebens. Von Spracherkennungssystemen wie Siri oder Google Assistant über personalisierte Empfehlungen in Streaming-Diensten bis hin zu selbstfahrenden Autos – Künstliche Intelligenz ist bereits in zahlreichen Bereichen präsent und beeinflusst unser Leben in vielerlei Hinsicht.

Die Anwendungsmöglichkeiten von Künstlicher Intelligenz sind nahezu unbegrenzt. Sie kann dabei helfen, komplexe Probleme zu analysieren, Muster zu erkennen, Entscheidungen zu treffen und sogar kreative Aufgaben zu erfüllen. Von der Medizin über die Finanzwelt bis hin zur Produktion – KI findet Anwendung in einer Vielzahl von Branchen und bietet großes Potenzial zur Effizienzsteigerung und Lösung komplexer Herausforderungen.

Um Künstliche Intelligenz besser zu verstehen, ist es wichtig, einen Blick auf die verschiedenen Arten von KI zu werfen. Hierbei unterscheidet man in der Regel zwischen schwacher KI und starker KI. Schwache KI ist auf spezifische Aufgaben oder Problemstellungen spezialisiert, während starke KI eine umfassende menschenähnliche Intelligenz besitzt. Letztere ist jedoch noch in der Entwicklungsphase und stellt eine große Herausforderung dar.

Im Laufe dieses Buches werden wir uns mit vielen spannenden Themen rund um Künstliche Intelligenz befassen. Dazu gehören unter anderem das maschinelle Lernen, neuronale Netzwerke, Deep Learning, natürliche Sprachverarbeitung, Computer Vision und viele weitere Aspekte. Sie werden erkennen, dass KI ein faszinierendes Feld ist, das kontinuierlich wächst und unsere Zukunft maßgeblich beeinflusst.

Allerdings birgt die Entwicklung und Anwendung von Künstlicher Intelligenz auch Herausforderungen und ethische Fragen. Es ist wichtig, über Themen wie Verantwortung, Transparenz, Datenschutz und mögliche Diskriminierung nachzudenken. In späteren Kapiteln werden wir uns intensiv mit diesen Aspekten befassen und verschiedene Standpunkte beleuchten.

Bereiten Sie sich darauf vor, in die aufregende Welt der Künstlichen Intelligenz einzutauchen und ihre Potenziale zu entdecken. In den kommenden Kapiteln werden wir die Geschichte der Künstlichen Intelligenz erforschen und sehen, wie sie sich im Laufe der Zeit entwickelt hat. Freuen Sie sich auf eine spannende Reise durch die faszinierende Welt der KI!

Kapitel 2: Geschichte der künstlichen Intelligenz

Die Geschichte der Künstlichen Intelligenz ist eine faszinierende Reise durch Jahrzehnte voller Innovationen, bahnbrechender Ideen und kontinuierlicher Fortschritte. In diesem Kapitel werden wir uns detailliert mit den wichtigsten Etappen der KI-Geschichte befassen und verstehen, wie sich dieses faszinierende Gebiet im Laufe der Zeit entwickelt hat.

Die Anfänge der Künstlichen Intelligenz lassen sich in die 1950er Jahre zurückverfolgen, als Computer noch in ihren Kinderschuhen steckten und die technologischen Möglichkeiten begrenzt waren.
Zu dieser Zeit entstanden die ersten Konzepte und Ideen, wie man Maschinen dazu bringen könnte, menschenähnliche Intelligenz zu entwickeln. Einer der Pioniere auf diesem Gebiet war der Mathematiker und Informatiker Alan Turing, der bereits 1950 die berühmte "Turing-Test"-Idee entwickelte, um festzustellen, ob eine Maschine intelligent handeln kann.

In den 1950er und 1960er Jahren erlebte die Künstliche Intelligenz einen Aufschwung, angetrieben durch die Entstehung neuer Konzepte und Techniken. Ein bedeutender Meilenstein war die Entwicklung der Logikprogrammierung durch John McCarthy, Marvin Minsky und andere Wissenschaftler am Dartmouth College im Jahr 1956.
Diese Form der Programmierung ermöglichte es Computern, logische Schlussfolgerungen zu ziehen und komplexe Probleme zu lösen.

Ein weiterer Meilenstein in der Geschichte der Künstlichen Intelligenz war die Entwicklung der Expertensysteme in den 1960er und 1970er Jahren. Diese Systeme basierten auf umfangreichem Fachwissen und Regeln, um spezifische Aufgaben oder Probleme zu lösen.

Ein bekanntes Beispiel für ein Expertensystem ist MYCIN, das in den 1970er Jahren entwickelt wurde und in der medizinischen Diagnose eingesetzt wurde. Expertensysteme waren wegweisend, da sie zeigten, dass Computer in der Lage sind, auf spezialisiertem Wissen basierende Entscheidungen zu treffen.

In den 1980er und 1990er Jahren begannen Wissenschaftler, neue Ansätze in der KI-Forschung zu verfolgen. Eine wichtige Entwicklung war das Aufkommen des maschinellen Lernens, bei dem Computer aus Daten lernen und Muster erkennen können. Diese Methode ermöglichte es, KI-Systeme zu trainieren und ihre Leistungsfähigkeit zu verbessern. Ein bedeutender Meilenstein war die Einführung des Backpropagation-Algorithmus in den 1980er Jahren, der es ermöglichte, tiefe neuronale Netzwerke effektiv zu trainieren.

Ein weiterer Durchbruch in der KI-Geschichte war das Aufkommen des Deep Learning ab den 2000er Jahren. Hierbei handelt es sich um eine Form des maschinellen Lernens, bei der tiefe neuronale Netzwerke verwendet werden, um komplexe Aufgaben zu lösen. Die gestiegene Verfügbarkeit großer Datenmengen und die verbesserte Rechenleistung trugen maßgeblich zur Entwicklung des Deep Learning bei.
Mit dieser Technik wurden beeindruckende Fortschritte in Bereichen wie Bilderkennung, Sprachverarbeitung und Robotik erzielt.

Heute befinden wir uns inmitten einer KI-Revolution. Künstliche Intelligenz hat Einzug gehalten in unser tägliches Leben und beeinflusst zahlreiche Bereiche wie Kommunikation, Gesundheitswesen, Verkehr, Finanzwesen und Unterhaltung. Selbstfahrende Autos, intelligente Assistenten, personalisierte Empfehlungen und automatisierte Prozesse sind nur einige Beispiele für den Einfluss von KI in unserer modernen Gesellschaft.

Die Geschichte der Künstlichen Intelligenz ist geprägt von Durchbrüchen, aber auch von Rückschlägen und kontroversen Diskussionen. In den 1970er Jahren führte beispielsweise die Ernüchterung über die eingeschränkte Leistungsfähigkeit von KI-Systemen zu einem Rückgang des Interesses und der Investitionen in diesem Bereich, was als "KI-Winter" bekannt wurde. Jedoch setzte sich die KI-Forschung später fort und führte zu neuen Erkenntnissen und Erfolgen.

Die Vision einer starken KI, die menschliche Intelligenz übertrifft, bleibt bis heute eine Herausforderung und Gegenstand intensiver Forschung. Die Entwicklung von Künstlicher Allgemeiner Intelligenz (AGI) steht noch am Anfang und birgt viele technische und ethische Herausforderungen.

In den kommenden Kapiteln werden wir uns mit den Grundlagen des maschinellen Lernens, neuronalen Netzwerken, Deep Learning, natürlicher Sprachverarbeitung, Computer Vision und anderen wichtigen Aspekten der Künstlichen Intelligenz befassen. Sie werden verstehen, wie diese Techniken funktionieren und welche Möglichkeiten sie bieten. Außerdem werden wir uns mit den ethischen und gesellschaftlichen Implikationen von Künstlicher Intelligenz auseinandersetzen, um ein umfassendes Verständnis dieses faszinierenden Feldes zu erlangen.

Die Geschichte der Künstlichen Intelligenz zeigt uns, dass wir uns in einem fortwährenden Prozess der Innovation und Weiterentwicklung befinden. Es bleibt spannend, zu beobachten, welche bahnbrechenden Entwicklungen uns in der Zukunft erwarten und wie Künstliche Intelligenz unsere Welt weiterhin prägen wird.

Kapitel 3:
Anwendung der künstlichen Intelligenz

Künstliche Intelligenz (KI) hat in den letzten Jahren enorm an Bedeutung gewonnen und ist zu einem integralen Bestandteil unserer modernen Gesellschaft geworden. In diesem Kapitel werden wir uns eingehend mit den vielfältigen Anwendungen von Künstlicher Intelligenz befassen und einen umfassenden Überblick über die verschiedenen Bereiche erhalten, in denen KI zum Einsatz kommt.

Medizin und Gesundheitswesen:

Künstliche Intelligenz hat das Potenzial, die medizinische Diagnose und Behandlung zu revolutionieren. Von der Früherkennung von Krankheiten über die personalisierte Medizin bis hin zur Robotik in der Chirurgie gibt es zahlreiche Anwendungen, die die Effizienz und Genauigkeit der medizinischen Versorgung verbessern können.

Automobilindustrie und Verkehr:

Selbstfahrende Autos sind ein herausragendes Beispiel für die Anwendung von Künstlicher Intelligenz im Verkehrssektor. Durch die Kombination von Sensordaten, maschinellem Lernen und fortgeschrittenen Algorithmen können autonome Fahrzeuge Verkehrssituationen analysieren und sich sicher auf den Straßen bewegen.

Finanzwesen:

KI wird zunehmend im Finanzsektor eingesetzt, um Betrug zu erkennen, Risiken zu bewerten, Kreditwürdigkeit zu bestimmen und automatisierte Handelsentscheidungen zu treffen. Maschinelles Lernen und neuronale Netzwerke ermöglichen es, große Mengen an Finanzdaten in Echtzeit zu analysieren und genaue Vorhersagen zu treffen.

E-Commerce und personalisierte Empfehlungen:

Viele Online-Plattformen nutzen Künstliche Intelligenz, um personalisierte Empfehlungen zu generieren. Basierend auf dem Verhalten und den Präferenzen der Benutzer können Algorithmen Vorhersagen über deren Interessen treffen und ihnen maßgeschneiderte Vorschläge machen, was den Einkaufsprozess erleichtert und die Kundenzufriedenheit steigert.

Sprachverarbeitung und natürliche Sprachverständnis:

Durch den Einsatz von KI-Technologien wie Spracherkennung und Chatbots können Computer natürliche Sprache verstehen und darauf reagieren. Diese Anwendungen finden sich in virtuellen Assistenten wie Siri, Alexa oder Google Assistant, aber auch in Kundenbetreuungssystemen und Übersetzungsprogrammen.

Bilderkennung und Computer Vision:

Künstliche Intelligenz hat erstaunliche Fortschritte in der Bilderkennung und Computer Vision erzielt. Von Gesichtserkennung über Objekterkennung bis hin zur medizinischen Bildanalyse ermöglichen diese Technologien die automatische Auswertung visueller Informationen und finden Anwendung in Bereichen wie Sicherheit, Gesundheitswesen und Automatisierung.

Umweltschutz und Nachhaltigkeit:

KI kann auch einen bedeutenden Beitrag zum Umweltschutz und zur Nachhaltigkeit leisten. Durch die Analyse großer Datenmengen können Muster erkannt werden, die bei der Bewältigung von Umweltproblemen wie Klimawandel, Luftverschmutzung und Ressourcenmanagement helfen können.

Robotik und Automatisierung:

KI-Technologien werden zunehmend in der Robotik eingesetzt, um autonome Roboter zu entwickeln, die in verschiedenen Umgebungen arbeiten können. Von industriellen Anwendungen bis hin zur Pflege und Unterstützung von Menschen mit Behinderungen können Roboter mit KI-Funktionen Aufgaben effizienter und sicherer ausführen.

Bildung:

Künstliche Intelligenz findet zunehmend Einzug in das Bildungswesen. Durch personalisiertes Lernen können KI-Systeme den Lernfortschritt jedes Schülers analysieren und individuelle Lerninhalte und -methoden anbieten. Intelligente Tutor-Systeme können Schülern bei der Lösung von Aufgaben helfen und ihr Wissen gezielt erweitern.

Cybersicherheit:

In einer zunehmend digitalisierten Welt sind Cyberangriffe eine große Bedrohung. Künstliche Intelligenz wird verwendet, um Angriffsmuster zu erkennen, Eindringversuche zu identifizieren und Sicherheitslücken zu schließen. KI-gestützte Systeme können große Mengen an Daten analysieren, um potenzielle Angriffe zu antizipieren und abzuwehren.

Kunst und Kreativität:

Künstliche Intelligenz hat auch den Kunstbereich erobert. Von der Generierung kreativer Werke wie Musik und Kunst bis hin zur Unterstützung von Filmemachern bei der Postproduktion bietet KI neue Möglichkeiten für Künstler und fördert die Zusammenarbeit zwischen Mensch und Maschine.

Unterhaltungsindustrie:

Die Unterhaltungsindustrie hat die Möglichkeiten von Künstlicher Intelligenz erkannt und nutzt sie für personalisierte Empfehlungen von Filmen, Musik und Büchern. Darüber hinaus ermöglichen fortschrittliche Animationstechniken und virtuelle Realität neue immersive Erlebnisse für Spiele und Filme.

Landwirtschaft:

KI kann in der Landwirtschaft eingesetzt werden, um Ernteerträge zu optimieren, Pflanzenkrankheiten zu erkennen, die Bewässerung zu verbessern und den Einsatz von Pestiziden zu reduzieren. Durch die Kombination von Sensordaten, Wetterprognosen und maschinellem Lernen können Landwirte fundierte Entscheidungen treffen und nachhaltigere Praktiken umsetzen.

Diese Aufzählung stellt nur einen Bruchteil der Anwendungsbereiche von Künstlicher Intelligenz dar. Das Potenzial von KI ist nahezu grenzenlos und ihre Auswirkungen werden weiterhin unser tägliches Leben prägen.

Die Anwendung von Künstlicher Intelligenz birgt jedoch auch ethische und gesellschaftliche Herausforderungen. Fragen zur Privatsphäre, Verantwortlichkeit, Voreingenommenheit und Arbeitsplatzverlusten müssen sorgfältig beachtet werden, um sicherzustellen, dass KI zum Wohl der Menschheit eingesetzt wird.

Kapitel 4:
Arten von Künstlicher Intelligenz

Künstliche Intelligenz (KI) ist ein faszinierendes und facettenreiches Gebiet, das verschiedene Ansätze und Techniken umfasst. In diesem Kapitel werden wir uns ausführlicher mit den verschiedenen Arten von Künstlicher Intelligenz befassen und ihre Funktionsweise sowie ihre Anwendungsbereiche genauer betrachten.

Schwache Künstliche Intelligenz:

Schwache KI, auch bekannt als Narrow AI, bezieht sich auf Systeme, die spezifische Aufgaben oder Probleme lösen können, für die sie entwickelt wurden. Diese Art von KI ist darauf spezialisiert, eine begrenzte Bandbreite an Aufgaben auf einem hohen Niveau zu erfüllen. Beispiele für schwache KI sind Spracherkennungssysteme wie Siri und Google Assistant, die in der Lage sind, menschliche Sprache zu verstehen und entsprechend zu reagieren. Sie können Fragen beantworten, Anfragen bearbeiten und bestimmte Aktionen ausführen.

Starke Künstliche Intelligenz:

Im Gegensatz zur schwachen KI zielt starke KI darauf ab, ein allgemeines Verständnis und Bewusstsein zu erlangen, das dem menschlichen Denken ähnelt. Starke KI-Systeme sollen in der Lage sein, eine Vielzahl von Aufgaben zu erfüllen und komplexe Probleme eigenständig zu lösen. Dieser Bereich der Künstlichen Intelligenz befindet sich jedoch noch in der Entwicklung und steht vor großen technischen und ethischen Herausforderungen. Die Idee einer starken

KI inspiriert viele Science-Fiction-Geschichten, in denen intelligente Roboter oder Computer auftreten, die über menschenähnliche Intelligenz verfügen.

Maschinelles Lernen:

Maschinelles Lernen ist ein entscheidender Ansatz innerhalb der Künstlichen Intelligenz. Es bezieht sich auf die Fähigkeit von Computern, aus Daten zu lernen und Muster zu erkennen, ohne explizit programmiert zu sein. Beim maschinellen Lernen werden Modelle entwickelt und trainiert, indem sie große Mengen an Daten analysieren und Muster oder Regeln identifizieren. Diese Modelle können dann verwendet werden, um zukünftige Daten zu interpretieren oder spezifische Aufgaben auszuführen. Maschinelles Lernen findet Anwendung in verschiedenen Bereichen wie Bilderkennung, Sprachverarbeitung, Betrugserkennung und medizinischer Diagnose.

Neuronale Netzwerke:

Neuronale Netzwerke sind ein weiterer wichtiger Ansatz in der Künstlichen Intelligenz und basieren auf dem Prinzip des menschlichen Gehirns. Diese Netzwerke bestehen aus miteinander verbundenen künstlichen Neuronen, die Informationen verarbeiten und weiterleiten. Durch das Training des neuronalen Netzwerks können komplexe Muster in den Daten erkannt und Aufgaben wie Mustererkennung, Sprachverständnis und Entscheidungsfindung ausgeführt werden. Neuronale Netzwerke haben in den letzten Jahren erhebliche Fortschritte erzielt und sind in vielen Anwendungen von Künstlicher Intelligenz weit verbreitet.

Genetische Algorithmen:

Genetische Algorithmen sind inspiriert von der natürlichen Evolution und nutzen Prinzipien wie Variation, Selektion und Mutation, um optimale Lösungen für komplexe Probleme zu finden. Diese Algorithmen werden oft in der Optimierung, Planung und im Design eingesetzt. Sie ermöglichen es, eine große Anzahl von möglichen Lösungen zu erkunden und schrittweise die besten Lösungen zu erzeugen.

Expertensysteme:

Expertensysteme sind darauf ausgerichtet, das Wissen und die Fähigkeiten von menschlichen Experten in einem bestimmten Bereich zu erfassen und zu reproduzieren. Sie nutzen Regeln und logische Schlussfolgerungen, um Probleme zu analysieren und fundierte Entscheidungen zu treffen. Expertensysteme finden Anwendung in Bereichen wie medizinischer Diagnose, technischem Support und juristischer Beratung.

Echtzeit-KI:

Echtzeit-KI bezieht sich auf Systeme, die in der Lage sind, Daten in Echtzeit zu verarbeiten und Entscheidungen zu treffen. Diese Art von KI findet Anwendung in Bereichen wie autonomes Fahren, Finanzhandel und Überwachung. Echtzeit-KI ermöglicht es, komplexe Informationen in Echtzeit zu analysieren und schnelle Reaktionen oder Vorhersagen zu generieren.

Roboterische Künstliche Intelligenz:

Diese Art von KI kombiniert Künstliche Intelligenz mit Robotik, um autonome Roboter zu entwickeln, die in der Lage sind, physische Aufgaben in verschiedenen Umgebungen auszuführen. Roboterische KI findet Anwendung in Bereichen wie industrieller Fertigung, Logistik, Gesundheitswesen und sogar Raumfahrt.

Die verschiedenen Arten von Künstlicher Intelligenz bieten unterschiedliche Möglichkeiten und Potenziale, um komplexe Probleme zu lösen und menschenähnliche Intelligenz zu simulieren. Jede Art von Künstlicher Intelligenz hat ihre eigenen Stärken und Grenzen, und die Auswahl der am besten geeigneten Techniken hängt von der spezifischen Aufgabe oder Anwendung ab.

Durch die kontinuierliche Weiterentwicklung und Erforschung dieser Arten von Künstlicher Intelligenz werden wir in der Lage sein, immer effektivere und vielseitigere KI-Systeme zu entwickeln, die uns in vielen Bereichen unterstützen und bereichern können.

Kapitel 5:

Maschinelles lernen

Maschinelles Lernen ist ein faszinierender Bereich der Künstlichen Intelligenz, der es Computern ermöglicht, aus Daten zu lernen und Aufgaben zu erfüllen, ohne explizit programmiert zu sein. Diese Disziplin hat in den letzten Jahren große Fortschritte gemacht und revolutioniert zahlreiche Branchen und Anwendungsbereiche. In diesem Kapitel werden wir uns ausführlich mit den Grundlagen des maschinellen Lernens befassen und verschiedene Techniken und Ansätze kennenlernen.

maschinelles Lernen:

Bevor wir tiefer in die Techniken des maschinellen Lernens eintauchen, ist es wichtig, ein grundlegendes Verständnis dafür zu entwickeln, was maschinelles Lernen eigentlich ist. Im Wesentlichen handelt es sich um einen Ansatz, bei dem Computer Modelle entwickeln und trainieren, um aus Daten zu lernen und Vorhersagen zu treffen oder Aufgaben zu erfüllen. Die grundlegende Idee besteht darin, Muster und Zusammenhänge in den Daten zu erkennen, um nützliche Informationen zu gewinnen.

Überwachtes Lernen:

Eine der häufigsten Techniken im maschinellen Lernen ist das überwachte Lernen. Hierbei werden dem Computer Trainingsdaten bereitgestellt, die aus Eingabe- und Ausgabepaaren bestehen. Das Modell wird dann darauf trainiert, eine Funktion abzuleiten, die die Eingabe auf die richtige Ausgabe abbildet. Zum Beispiel könnte ein Modell auf der Grundlage von historischen Daten trainiert werden, das Wettervorhersagen trifft. Überwachtes Lernen findet in vielen Anwendungen Anwendung, wie zum Beispiel in der Spracherkennung, dem Bildverständnis und der medizinischen Diagnose.

Unüberwachtes Lernen:

Im Gegensatz zum überwachten Lernen erfolgt beim unüberwachten Lernen kein Training mit vorgegebenen Ausgaben. Stattdessen analysiert das Modell die Daten und identifiziert automatisch Muster, Strukturen oder Zusammenhänge. Es sucht nach natürlichen Gruppierungen oder Mustern in den Daten, um diese zu klassifizieren oder zu segmentieren. Unüberwachtes Lernen wird oft in Bereichen wie der Kundenanalyse, der Datensegmentierung und der Anomalieerkennung eingesetzt.

Verstärkendes Lernen:

Verstärkendes Lernen bezieht sich auf eine Art des Lernens, bei der ein Agent interagiert und lernt, indem er Umgebungsfeedback erhält. Das Ziel besteht darin, eine optimale Aktion zu erlernen, um eine bestimmte Aufgabe zu erfüllen. Das Modell erhält positive Verstärkung für gute Aktionen und negative Verstärkung für schlechte Aktionen. Durch wiederholte Iteration verbessert das Modell seine Fähigkeiten und optimiert seine Entscheidungsfindung. Verstärkendes Lernen wird oft in Bereichen wie der Robotik, den Spielstrategien und der automatisierten Steuerung eingesetzt.

Deep Learning:

Deep Learning ist eine spezielle Art des maschinellen Lernens, die auf künstlichen neuronalen Netzwerken basiert. Diese Netzwerke bestehen aus Schichten von Neuronen, die miteinander verbunden sind und Informationen verarbeiten. Deep Learning ermöglicht es Modellen, hierarchische Darstellungen und komplexe Muster in den Daten zu lernen. Diese Technik hat in vielen Bereichen wie Bild- und Spracherkennung, Natural Language Processing und automatisiertem Fahren enorme Fortschritte erzielt.

Transfer Learning:

Transfer Learning bezieht sich auf die Nutzung von bereits trainierten Modellen oder Kenntnissen, um neue Aufgaben oder Probleme zu lösen. Anstatt ein Modell von Grund auf neu zu trainieren, kann Transfer Learning Zeit und Ressourcen sparen.

Bestehende Modelle werden auf ähnliche oder verwandte Aufgaben angewendet und dann an die spezifischen Anforderungen angepasst. Transfer Learning findet in vielen Anwendungen Anwendung, insbesondere wenn nur begrenzte Trainingsdaten verfügbar sind.

Maschinelles Lernen ist ein äußerst vielseitiger Ansatz, der es Computern ermöglicht, aus Erfahrungen zu lernen und Aufgaben in vielen verschiedenen Bereichen zu erfüllen. Die Vielfalt der Techniken und Ansätze bietet eine breite Palette von Möglichkeiten, um komplexe Probleme anzugehen und intelligente Systeme zu entwickeln. Mit zunehmender Verfügbarkeit von Daten und Rechenleistung wird das maschinelle Lernen voraussichtlich weiterhin bahnbrechende Fortschritte erzielen und unsere Welt in vielerlei Hinsicht beeinflussen.

„Das Kapitel "Maschinelles Lernen" bietet einen umfassenden Einblick in diesen faszinierenden Bereich der Künstlichen Intelligenz. Maschinelles Lernen ermöglicht es Computern, aus Daten zu lernen und Aufgaben zu erfüllen, ohne explizit programmiert zu sein. Wir haben verschiedene Techniken und Ansätze des maschinellen Lernens kennengelernt, darunter überwachtes Lernen, unüberwachtes Lernen, verstärkendes Lernen, Deep Learning und Transfer Learning."

Kapitel 6:
Neuronale Netzwerke

In diesem Kapitel werden wir uns ausführlich mit neuronalen Netzwerken beschäftigen. Neuronale Netzwerke sind ein faszinierender Teil des maschinellen Lernens, der auf dem Prinzip der künstlichen Nachbildung des menschlichen Gehirns beruht. Sie sind in der Lage, komplexe Muster in Daten zu erkennen und haben Anwendungen in Bereichen wie Bilderkennung, Sprachverständnis, Textanalyse und vielem mehr.

Ein neuronales Netzwerk besteht aus einer Sammlung von künstlichen Neuronen, die miteinander verbunden sind und Informationen verarbeiten. Jedes Neuron nimmt Eingabewerte auf, wendet eine Aktivierungsfunktion auf diese Werte an und gibt einen Ausgabewert weiter.

Die Verbindungen zwischen den Neuronen werden durch Gewichte repräsentiert, die anzeigen, wie stark die Verbindung zwischen den Neuronen ist. Durch das Anpassen dieser Gewichte während des Trainingsprozesses lernt das Netzwerk, die Eingabedaten richtig zu interpretieren und Muster zu erkennen.

Die Architektur eines neuronalen Netzwerks umfasst in der Regel mehrere Schichten von Neuronen. Die erste Schicht wird als Eingangsschicht bezeichnet und nimmt die Eingabedaten auf. Die letzte Schicht wird als Ausgangsschicht bezeichnet und gibt die Ergebnisse des Netzwerks aus. Dazwischen können eine oder mehrere versteckte Schichten vorhanden sein.

Die Anzahl der Neuronen in den Schichten und die Verbindungen zwischen ihnen werden durch die Komplexität der Aufgabe und die Größe des Datensatzes bestimmt.

Das Training eines neuronalen Netzwerks erfolgt durch den iterativen Prozess der Vorwärtspropagation und der Rückpropagation des Fehlers. Bei der Vorwärtspropagation werden die Eingabedaten durch das Netzwerk geleitet, wobei die Gewichte und Aktivierungsfunktionen jedes Neurons berücksichtigt werden.
Das Netzwerk erzeugt eine Vorhersage, die mit den tatsächlichen Ausgabewerten verglichen wird. Der Unterschied zwischen der Vorhersage und den tatsächlichen Werten wird als Fehler bezeichnet.

Die Rückpropagation ist der entscheidende Schritt im Training eines neuronalen Netzwerks. Hierbei wird der Fehler rückwärts durch das Netzwerk propagiert, und die Gewichte werden entsprechend angepasst, um den Fehler zu minimieren.

Dieser Prozess wird durch mathematische Optimierungsalgorithmen wie dem Gradientenabstiegsverfahren ermöglicht. Durch wiederholtes Training und Anpassung der Gewichte verbessert das Netzwerk seine Fähigkeit, Muster zu erkennen und genaue Vorhersagen zu treffen.

Neuronale Netzwerke haben eine breite Anwendungspalette und finden Einsatz in verschiedenen Bereichen. In der Bilderkennung werden sie eingesetzt, um Objekte, Gesichter oder Muster in Bildern zu identifizieren. Im Bereich des Sprachverständnisses ermöglichen sie die Spracherkennung, die Übersetzung von Sprachen und die Analyse von Texten. Darüber hinaus finden sie Anwendung in der medizinischen Diagnostik, der Finanzanalyse, der Vorhersage von Kundenverhalten und vielen anderen Bereichen.

Die Forschung und Entwicklung von neuronalen Netzwerken ist ein aktives Gebiet. Es werden kontinuierlich neue Architekturen, Aktivierungsfunktionen und Optimierungsalgorithmen erforscht, um die Leistungsfähigkeit der Netzwerke weiter zu verbessern. Ebenso wird intensiv an der Erweiterung der Anwendungsbereiche gearbeitet, um künstliche Intelligenz in noch mehr Aspekten unseres Lebens einzusetzen.

Die Weiterentwicklung von neuronalen Netzwerken verspricht spannende Möglichkeiten für die Zukunft. Mit leistungsstärkeren Computern und größeren Datensätzen werden wir in der Lage sein, noch komplexere Probleme zu lösen und noch genauere Vorhersagen zu treffen.

Die Fortschritte in der neuronalen Netzwerktechnologie werden dazu beitragen, dass künstliche Intelligenz in vielen Bereichen unseres Alltags präsent ist und uns dabei unterstützt, bessere Entscheidungen zu treffen und neue Erkenntnisse zu gewinnen.

Die Anwendung von neuronalen Netzwerken birgt jedoch auch Herausforderungen und ethische Aspekte. Es ist wichtig, den Einsatz von künstlicher Intelligenz verantwortungsvoll und ethisch zu gestalten, um mögliche negative Auswirkungen zu minimieren.

Der Schutz der Privatsphäre, die Vermeidung von Diskriminierung und die Transparenz von Entscheidungsprozessen sind nur einige der Themen, die bei der Anwendung von neuronalen Netzwerken berücksichtigt werden müssen.

Insgesamt sind neuronale Netzwerke ein aufregendes und vielversprechendes Feld der künstlichen Intelligenz. Sie ermöglichen uns, komplexe Muster zu erkennen, Vorhersagen zu treffen und Probleme in verschiedenen Bereichen zu lösen. Mit weiterer Forschung und Entwicklung werden wir die Leistungsfähigkeit von neuronalen Netzwerken weiter verbessern und neue Anwendungen entdecken. Es ist spannend zu sehen, wie sich diese Technologie in Zukunft weiterentwickeln wird und wie sie unser Leben positiv beeinflussen kann.

Kapitel 7:
Deep learning

In diesem Kapitel werden wir uns ausführlich mit Deep Learning beschäftigen. Deep Learning ist eine spezielle Form des maschinellen Lernens, die auf neuronalen Netzwerken basiert und sich durch ihre Fähigkeit auszeichnet, komplexe Hierarchien von Merkmalen in Daten zu erlernen. Mit der Unterstützung tiefer neuronaler Netzwerke ermöglicht Deep Learning eine tiefgreifende Analyse und Verarbeitung von Daten, was zu herausragenden Fortschritten in vielen Bereichen der künstlichen Intelligenz geführt hat.

Deep Learning-Modelle bestehen aus mehreren Schichten von Neuronen, die als tiefe neuronale Netzwerke bezeichnet werden. Jede Schicht nimmt Merkmale oder abstrakte Darstellungen von Daten auf, die von der vorherigen Schicht extrahiert wurden, und lernt, diese Merkmale auf eine bestimmte Aufgabe anzuwenden.

Durch die Kombination mehrerer Schichten können Deep Learning-Modelle komplexe Muster und Zusammenhänge in den Daten erkennen, die mit traditionellen Algorithmen schwer zu erfassen wären.

Ein faszinierender Aspekt des Deep Learning ist seine Fähigkeit, automatisch Merkmale aus den Daten zu extrahieren, anstatt auf manuell definierte Merkmale angewiesen zu sein.
Dieser Ansatz ermöglicht es den Modellen, ein tieferes Verständnis der Daten zu entwickeln und komplexe Merkmale zu erkennen, die für den Menschen möglicherweise schwer zu erfassen sind.

Beispielsweise kann ein Deep Learning-Modell, das Bilder analysiert, automatisch Kanten, Texturen, Formen und sogar abstrakte Konzepte wie Gesichter oder Objekte lernen, ohne dass diese Merkmale vorher explizit definiert werden müssen.

Ein weiterer spannender Aspekt des Deep Learning ist seine Fähigkeit, große Mengen an Daten zu verarbeiten. Je mehr Daten dem Modell zur Verfügung stehen, desto besser kann es Muster und Zusammenhänge lernen. Dies hat zu einer deutlichen Verbesserung der Leistung in vielen Anwendungsbereichen geführt.

In der Bilderkennung beispielsweise sind Deep Learning-Modelle in der Lage, Objekte in Bildern mit hoher Genauigkeit zu identifizieren und zu klassifizieren. In der natürlichen Sprachverarbeitung ermöglicht Deep Learning die automatische Übersetzung von Texten oder die Erzeugung von Texten in natürlicher Sprache.

Die Trainingsphase von Deep Learning-Modellen ist aufgrund der Tiefe des Netzwerks und der Komplexität der Modelle oft zeitaufwändig und rechenintensiv. Es erfordert leistungsstarke Hardware, wie Grafikprozessoren (GPUs) oder spezialisierte ASICs (Application-Specific Integrated Circuits), um die Berechnungen effizient durchzuführen.

Dank kontinuierlicher Fortschritte in der Hardware-Technologie sind diese Ressourcen jedoch zunehmend zugänglich und ermöglichen es Forschern und Entwicklern, Deep Learning in einer breiteren Palette von Anwendungen einzusetzen.

Eine spannende Entwicklung im Bereich des Deep Learning ist die Anwendung von sogenannten generativen Modellen. Diese Modelle sind in der Lage, neue Daten zu generieren, die ähnlich zu den trainierten Daten sind.

Durch den Einsatz von generativen Modellen können beispielsweise realistische Bilder erzeugt werden, die nicht von realen Fotos zu unterscheiden sind. Dies hat Anwendungen in Bereichen wie kreativer Gestaltung, Unterhaltungsindustrie und virtueller Realität. Es eröffnet neue Möglichkeiten für die Erzeugung von Inhalten und ermöglicht es Künstlern und Designern, ihrer Kreativität freien Lauf zu lassen.

Trotz der beeindruckenden Fortschritte und der Vielseitigkeit von Deep Learning gibt es auch Herausforderungen, die berücksichtigt werden müssen. Eine davon ist die Notwendigkeit großer Datenmengen, um genaue Modelle zu trainieren.

In einigen Anwendungsbereichen können jedoch nur begrenzte Daten zur Verfügung stehen, was die Effektivität von Deep Learning-Modellen einschränken kann. Forscher arbeiten daher intensiv an Methoden zur Verbesserung des maschinellen Lernens mit begrenzten Daten, um dieses Hindernis zu überwinden.

Ein weiteres Thema ist die Erklärbarkeit von Deep Learning-Modellen. Oft ist es schwierig nachzuvollziehen, warum ein Modell eine bestimmte Entscheidung getroffen hat. Dieses sogenannte "Black Box"-Problem kann in einigen sensiblen Bereichen wie der medizinischen Diagnostik Bedenken hervorrufen, da Ärzte und Experten möglicherweise nicht verstehen können, wie ein Modell zu seiner Entscheidung gekommen ist. Die Entwicklung von Methoden zur Erklärbarkeit von Deep Learning-Modellen ist daher ein aktives Forschungsgebiet, um Vertrauen und Transparenz in die Entscheidungsfindung zu gewährleisten.

Insgesamt ist Deep Learning eine aufregende und schnell wachsende Technologie mit großem Potenzial. Es hat uns ermöglicht, noch tiefere

Einblicke in komplexe Daten zu gewinnen und präzisere Vorhersagen zu treffen. Mit der fortlaufenden Forschung und Entwicklung werden wir sicherlich noch weitere spannende Anwendungen des Deep Learning entdecken.

Es wird interessant sein zu sehen, wie diese Technologie unsere Zukunft prägen und neue Möglichkeiten in vielen Bereichen eröffnen wird. Die Kombination aus tiefer Analyse, automatischer Merkmalsextraktion und leistungsstarker Verarbeitung von Daten macht Deep Learning zu einem mächtigen Werkzeug für die künstliche Intelligenz und bietet spannende Perspektiven für innovative Lösungen in der modernen Welt.

Kapitel 8: Natürliche Sprachverarbeitung

In diesem Kapitel widmen wir uns der natürlichen Sprachverarbeitung, einer faszinierenden Disziplin der künstlichen Intelligenz, die sich mit der Verarbeitung und Analyse menschlicher Sprache befasst. Natürliche Sprache ist äußerst komplex und nuanciert, weshalb die Entwicklung von Techniken zur Verarbeitung und Interpretation natürlicher Sprache eine große Herausforderung darstellt. Die natürliche Sprachverarbeitung ermöglicht es Computern, menschliche Sprache zu verstehen, zu analysieren und sogar mit ihr zu interagieren.

Ein grundlegendes Konzept in der natürlichen Sprachverarbeitung ist die Aufteilung von Texten in kleinere Einheiten, die als Token bezeichnet werden. Diese Token können Wörter, Sätze oder sogar einzelne Zeichen sein. Durch die Zerlegung von Texten in Token können Algorithmen auf spezifische Merkmale zugreifen und Muster in der Sprache erkennen. Dies ist ein wichtiger erster Schritt bei der Verarbeitung natürlicher Sprache.

Eine der grundlegenden Aufgaben der natürlichen Sprachverarbeitung ist die Textklassifikation. Hierbei wird versucht, einen gegebenen Text in vordefinierte Kategorien oder Klassen einzuordnen. Dies kann beispielsweise die Klassifizierung von E-Mails in Spam oder Nicht-Spam, die Erkennung von Stimmungen in Texten oder die Identifizierung von Themen in Nachrichtenartikeln umfassen. Durch den Einsatz von maschinellen Lernalgorithmen, insbesondere des überwachten Lernens, können Modelle trainiert werden, um Texte automatisch zu klassifizieren.

Ein weiteres wichtiges Konzept in der natürlichen Sprachverarbeitung ist die Entitätsanalyse. Hierbei geht es darum, relevante Informationen wie Namen, Orte, Organisationen oder Zeitangaben in einem Text zu erkennen und zu extrahieren.

Die Entitätsanalyse ist eine wichtige Komponente bei der Informationsextraktion und ermöglicht es, strukturierte Informationen aus unstrukturierten Texten zu gewinnen. Dies ist besonders nützlich bei der Verarbeitung großer Mengen von Textdaten, wie beispielsweise bei der Analyse von Kundenfeedbacks oder bei der Extraktion von Informationen aus Nachrichtenartikeln.

Ein bedeutender Fortschritt in der natürlichen Sprachverarbeitung ist die automatische maschinelle Übersetzung. Mit Hilfe von maschinellen Lernalgorithmen, insbesondere des neuronalen maschinellen Lernens, können Computerprogramme entwickelt werden, die Texte automatisch von einer natürlichen Sprache in eine andere übersetzen können.

Dies hat zu beeindruckenden Ergebnissen geführt und die Kommunikation zwischen verschiedenen Sprachgruppen erheblich erleichtert. Moderne Übersetzungssysteme wie Google Translate basieren auf diesen Techniken und werden kontinuierlich weiterentwickelt, um die Übersetzungsqualität weiter zu verbessern.

Ein weiteres spannendes Anwendungsgebiet der natürlichen Sprachverarbeitung ist die Sprachgenerierung. Hierbei geht es darum, dass Computerprogramme Texte oder Dialoge in natürlicher Sprache erzeugen können. Dies wird beispielsweise bei Chatbots oder virtuellen Assistenten eingesetzt, um menschenähnliche Konversationen zu ermöglichen.

Durch den Einsatz von Techniken des maschinellen Lernens, insbesondere des rekurrenten neuronalen Netzwerks, können Modelle entwickelt werden, die aufgrund von Eingaben oder Kontexten sinnvolle und zusammenhängende Texte generieren können.

Eine weitere wichtige Herausforderung in der natürlichen Sprachverarbeitung ist die semantische Analyse. Hierbei geht es darum, die Bedeutung von Sätzen oder Texten zu verstehen und zu interpretieren. Dies ist eine komplexe Aufgabe, da die Bedeutung von Texten oft von Kontext, Satzstruktur und dem Verständnis der zugrunde liegenden Konzepte abhängt.

Die semantische Analyse spielt eine entscheidende Rolle bei der Suche nach relevanten Informationen in großen Textsammlungen, der Fragebeantwortungssystemen oder der automatischen Zusammenfassung von Texten.

Mit dem Aufkommen von Sprachassistenten wie Siri, Alexa und Google Assistant hat die natürliche Sprachverarbeitung eine noch größere Bedeutung erlangt. Diese Sprachassistenten ermöglichen es den Benutzern, mit ihren Geräten auf natürliche Weise zu interagieren, indem sie Sprachbefehle verwenden.
Die Systeme hinter diesen Sprachassistenten basieren auf Techniken der Spracherkennung, der natürlichen Sprachverarbeitung und des maschinellen Lernens. Sie erkennen und verstehen die Absichten der Benutzer und führen entsprechende Aktionen aus.

Die natürliche Sprachverarbeitung hat enorme Fortschritte gemacht und hat bereits viele Bereiche unseres täglichen Lebens beeinflusst. Von automatischen Übersetzungen bis hin zu Sprachassistenten hat sie die Art und Weise, wie wir mit Technologie interagieren, revolutioniert. Dennoch gibt es noch viele Herausforderungen zu bewältigen, wie beispielsweise die Verbesserung der Sprachverständlichkeit, die

Berücksichtigung von Mehrdeutigkeiten und kulturellen Unterschieden sowie die Gewährleistung von Datenschutz und Sicherheit.

Die Zukunft der natürlichen Sprachverarbeitung ist vielversprechend. Mit weiteren Fortschritten in den Bereichen maschinelles Lernen, neuronalen Netzwerken und der Verfügbarkeit großer Textdatensätze werden die Systeme noch leistungsfähiger und präziser. Wir können uns auf weitere spannende Entwicklungen freuen, die die natürliche Sprachverarbeitung noch vielfältiger und allgegenwärtiger machen werden.

Kapitel 9:

Computer Vision

In diesem Kapitel werden wir uns mit einem faszinierenden Bereich der künstlichen Intelligenz befassen, der als Computer Vision bekannt ist. Computer Vision befasst sich mit der Verarbeitung, Analyse und Interpretation visueller Informationen durch Computer. Das Ziel ist es, Computern das Sehen zu ermöglichen und ihnen ein Verständnis für visuelle Daten wie Bilder und Videos zu vermitteln.

Die visuelle Wahrnehmung ist ein grundlegender Bestandteil des menschlichen Erfahrungsspektrums, und Computer Vision strebt danach, diese Fähigkeit auf Maschinen zu übertragen. Dies ermöglicht es Computern, visuelle Informationen zu verstehen, Objekte zu erkennen, Muster zu identifizieren und komplexe Szenen zu interpretieren.

Computer Vision hat breite Anwendungen in verschiedenen Bereichen wie Gesichtserkennung, autonomes Fahren, medizinische Bildgebung, Überwachungssysteme und Robotik.

Ein grundlegendes Konzept in der Computer Vision ist die Merkmalsextraktion. Hierbei geht es darum, relevante visuelle Merkmale aus Bildern oder Videos zu extrahieren, um sie für weitere Analysen und Verarbeitungsschritte zugänglich zu machen.

Diese Merkmale können Kanten, Formen, Farben oder Texturen sein, die dazu dienen, Informationen über die visuelle Struktur der Objekte oder Szenen zu erfassen.

Durch den Einsatz von Techniken wie dem Kantendetektions Algorithmus Canny oder der Skaleninvarianz-Feature-Transformation (SIFT) können robuste und diskriminative Merkmale extrahiert werden.

Ein wichtiger Aspekt der Computer Vision ist die Objekterkennung. Hierbei geht es darum, bestimmte Objekte oder Kategorien von Objekten in Bildern oder Videos automatisch zu identifizieren und zu klassifizieren. Dies kann beispielsweise die Erkennung von Gesichtern, Fahrzeugen oder Tieren umfassen.

Die Objekterkennung basiert oft auf dem maschinellen Lernen und erfordert große Mengen an annotierten Trainingsdaten, um Modelle zu trainieren, die Objekte zuverlässig erkennen können. Moderne Ansätze wie das Convolutional Neural Network (CNN) haben enorme Fortschritte in der Objekterkennung ermöglicht.

Eine weitere spannende Aufgabe in der Computer Vision ist die Bildsegmentierung. Hierbei geht es darum, ein Bild in sinnvolle Regionen oder Segmente zu unterteilen, um bestimmte Objekte oder Bereiche hervorzuheben. Dies ermöglicht eine detaillierte Analyse von Bildern und die Fokussierung auf relevante Informationen. Methoden wie die graphenbasierte Segmentierung oder die semantische Segmentierung basierend auf tiefen neuronalen Netzwerken werden verwendet, um genaue und präzise Segmentierungen zu erzielen.

Ein weiteres wichtiges Konzept in der Computer Vision ist die räumliche Lokalisierung. Hierbei geht es darum, die genaue Position und Ausrichtung von Objekten in einem Bild oder einer Szene zu bestimmen.

Dies kann beispielsweise für die Augmented Reality-Anwendungen oder die Navigation von autonomen Fahrzeugen entscheidend sein. Durch den Einsatz von Techniken wie der Struktur aus Bewegung (Structure from Motion, SFM) oder der gleichzeitigen Lokalisierung und Kartierung (Simultaneous Localization and Mapping, SLAM) können

Computer präzise Informationen über die räumliche Umgebung extrahieren.

Die Entwicklung von Computer Vision-Systemen hat enorme Fortschritte gemacht, insbesondere durch den Einsatz von tiefen neuronalen Netzwerken und maschinellem Lernen. Moderne Systeme können komplexe visuelle Aufgaben bewältigen, die zuvor nur von Menschen durchgeführt werden konnten. Dennoch gibt es weiterhin Herausforderungen in der Computer Vision, wie beispielsweise die Erkennung und Klassifizierung von feinen Details, die Bewältigung von Beleuchtungsvariationen oder die Verarbeitung großer Mengen an visuellen Daten in Echtzeit.

Die Zukunft der Computer Vision ist vielversprechend. Mit weiteren Fortschritten in den Bereichen maschinelles Lernen, Deep Learning und Hardwaretechnologien werden Computer immer leistungsfähiger, um visuelle Informationen zu verarbeiten und zu verstehen.

Wir können uns auf spannende Entwicklungen in Bereichen wie autonome Fahrzeuge, Robotik, Medizin und Augmented Reality freuen, bei denen Computer Vision eine entscheidende Rolle spielen wird. Die Fähigkeit von Computern, visuelle Informationen zu interpretieren, wird unsere Interaktion mit der digitalen Welt weiter verbessern und neue Möglichkeiten eröffnen.

Erlauben Sie mir, eine persönliche Anekdote über die computer vision mit Ihnen zu teilen.

Vor einigen Jahren hatte ich das Vergnügen, an einem aufregenden Forschungsprojekt teilzunehmen, das sich mit der Anwendung von Computer Vision in der Archäologie befasste. Unser Ziel war es, mithilfe von computergestützter Bildanalyse verborgene Muster und Strukturen auf antiken Artefakten zu entdecken.

Wir arbeiteten eng mit einem Archäologenteam zusammen und erhielten Zugang zu einer Sammlung von Keramikgefäßen aus einer vergangenen Zivilisation. Viele dieser Gefäße waren beschädigt oder mit Schmutz und Ablagerungen bedeckt, was es schwierig machte, ihre ursprüngliche Form und Dekoration zu erkennen.

Mit Hilfe fortschrittlicher Computer Vision-Algorithmen und Bildverarbeitungstechniken begannen wir, die digitalisierten Bilder der Gefäße zu analysieren. Wir entwickelten spezielle Algorithmen, um Kanten, Muster und Formen auf den Bildern zu identifizieren und zu extrahieren.

Es war faszinierend zu sehen, wie der Computer nach und nach die verborgenen Details der Gefäße enthüllte. Wir konnten die ursprünglichen Muster und Symbole erkennen, die von der Zeit und den Elementen verborgen waren. Durch die Kombination der Ergebnisse unserer Computer Vision-Analyse mit den Kenntnissen der Archäologen konnten wir wertvolle Einblicke in die Kultur und das Leben der antiken Zivilisation gewinnen.

Eine besondere Herausforderung bestand darin, die von den Gefäßen erfassten Bilder mit Referenzbildern und Datenbanken zu vergleichen, um Ähnlichkeiten oder Verbindungen zu anderen archäologischen Funden herzustellen. Hier kam maschinelles Lernen zum Einsatz, um die Daten zu analysieren, Muster zu erkennen und Rückschlüsse auf die historische Bedeutung der Gefäße zu ziehen.

Unsere Arbeit in der Archäologie mit Hilfe von Computer Vision war ein beeindruckendes Beispiel dafür, wie Technologie und Wissenschaft Hand in Hand gehen können. Die Möglichkeit, verborgene Details und Muster auf antiken Artefakten zu enthüllen, eröffnet neue Wege für die Forschung und unser Verständnis der Vergangenheit.

Diese Erfahrung hat mir gezeigt, wie Computer Vision nicht nur in modernen Anwendungen wie Bilderkennung oder autonomem Fahren eingesetzt werden kann, sondern auch in historischen und kulturellen Bereichen einen großen Beitrag leisten kann. Die Kombination von Technologie und menschlichem Wissen kann wirklich bahnbrechende Erkenntnisse und Entdeckungen ermöglichen.

Kapitel 10:
Künstliche Intelligenz in der Medizin

Künstliche Intelligenz (KI) hat in der Medizin ein enormes Potenzial, um die Diagnose, Behandlung und Verwaltung von Krankheiten zu revolutionieren. Es gibt verschiedene Bereiche, in denen KI eingesetzt wird, um die medizinische Praxis zu verbessern.

Diagnoseunterstützung: KI kann Ärzte bei der Diagnosestellung unterstützen, insbesondere bei der Analyse medizinischer Bilder wie Röntgenaufnahmen, CT-Scans oder MRT-Scans. Durch den Einsatz von maschinellem Lernen und speziell entwickelten Algorithmen kann KI Muster und Anomalien erkennen, die für das menschliche Auge schwer zu erkennen sind. Dies ermöglicht eine schnellere und genauere Diagnose von Krankheiten, insbesondere bei komplexen Fällen.

Personalisierte Medizin: KI kann dazu beitragen, personalisierte Behandlungspläne zu entwickeln. Durch die Analyse von genetischen Informationen, Krankengeschichte und anderen Patientendaten kann KI Vorhersagen über das individuelle Krankheitsrisiko treffen und personalisierte Behandlungsstrategien vorschlagen. Dies ermöglicht eine maßgeschneiderte Patientenversorgung, bei der die Behandlung auf die spezifischen Bedürfnisse und Merkmale des einzelnen Patienten abgestimmt ist.

Medikamentenentwicklung: Die Entwicklung neuer Medikamente ist ein zeitaufwändiger und kostspieliger Prozess. KI kann Forschern dabei helfen, diesen Prozess zu beschleunigen, indem sie große Mengen an Daten analysiert und Muster in der Wirkstoffforschung identifiziert.

Durch die Vorhersage der Wirkung von Verbindungen auf bestimmte Krankheiten kann KI dabei helfen, vielversprechende Kandidaten für die Medikamentenentwicklung zu identifizieren. Dies kann zu effizienteren

Forschungsprozessen und der Entwicklung wirksamerer Medikamente führen.

Patientenüberwachung: Durch die Nutzung von tragbaren Geräten und Sensoren kann KI kontinuierlich Gesundheitsdaten sammeln und analysieren. Dies ermöglicht eine Echtzeitüberwachung des Gesundheitszustands von Patienten.
Abweichungen von normalen Mustern können erkannt und frühzeitig auf Probleme hingewiesen werden. Dies ermöglicht eine rechtzeitige Intervention und kann dazu beitragen, schwerwiegende gesundheitliche Komplikationen zu verhindern.

Robotergestützte Chirurgie: KI wird zunehmend in der robotergestützten Chirurgie eingesetzt. Durch die präzise Steuerung von Robotern können Chirurgen minimalinvasive Eingriffe durchführen. Die Roboter arbeiten unter der Anleitung von Ärzten und können hochpräzise Bewegungen ausführen.
Dies führt zu geringeren Risiken, schnelleren Erholungszeiten und besseren Ergebnissen für die Patienten.

Die Integration von KI in die medizinische Praxis ist jedoch nicht ohne Herausforderungen. Datenschutz, ethische Fragen und die Notwendigkeit einer sorgfältigen Validierung der entwickelten Algorithmen sind wichtige Aspekte, die berücksichtigt werden müssen. Die Sicherheit der Patientendaten und die Gewährleistung der Vertraulichkeit sind von größter Bedeutung.

Trotz dieser Herausforderungen bietet die Anwendung von KI in der Medizin erhebliche Vorteile. Sie kann Ärzte bei der Diagnosestellung unterstützen, personalisierte Behandlungsstrategien entwickeln, die Medikamentenentwicklung beschleunigen, die Patientenüberwachung verbessern und die chirurgische Praxis weiterentwickeln. Es ist eine aufregende Zeit, in der Technologie und medizinisches Fachwissen zusammenkommen, um die Gesundheitsversorgung zu verbessern und das Wohlergehen der Menschen zu fördern.

Wie ich zur künstlichen Intelligenz gekommen bin?

Es war eine traurige Zeit in meinem Leben, als ich den Verlust einer geliebten Person aufgrund fehlender künstlicher Intelligenz in der medizinischen Diagnose erleben musste. Meine Großmutter, die schon seit längerem gesundheitliche Probleme hatte, war schon mehrere Male im Krankenhaus gewesen, um ihre Symptome abklären zu lassen. Die Ärzte waren bemüht, eine genaue Diagnose zu stellen, aber es war eine Herausforderung, da ihre Symptome vielfältig und schwer zu interpretieren waren.

Die Ärzte führten verschiedene Tests durch und verwendeten ihre umfangreiche Erfahrung, um eine mögliche Ursache für ihre Beschwerden zu finden. Leider dauerte dieser Prozess mehrere Wochen und mehrere Meinungen von verschiedenen Ärzten waren erforderlich. In der Zwischenzeit wurde meine Großmutter immer schwächer und ihre Gesundheit verschlechterte sich zusehends.

Es war zu diesem Zeitpunkt, als ich zum ersten Mal von den Fortschritten in der künstlichen Intelligenz in der medizinischen Diagnose hörte. Ich las über die Möglichkeiten, dass KI-basierte Systeme in der Lage waren, große Mengen an medizinischen Daten zu analysieren und Muster zu erkennen, die für menschliche Ärzte möglicherweise nicht sofort erkennbar waren. Ich fragte mich, ob dies meiner Großmutter hätte helfen können.

Leider kam die Hilfe der künstlichen Intelligenz zu spät für meine Großmutter. Sie erhielt letztendlich eine Diagnose, aber es war zu spät, um eine wirksame Behandlung einzuleiten. Ihr Gesundheitszustand verschlechterte sich weiter und sie verstarb schließlich.

Diese Erfahrung hat mich nachdenklich gemacht und mich dazu gebracht, über die Bedeutung von künstlicher Intelligenz in der medizinischen Praxis nachzudenken. Wenn es damals ein System gegeben hätte, das die Symptome meiner Großmutter analysiert und die Ärzte bei der Diagnosestellung unterstützt hätte, wer weiß, ob sie eine bessere Chance gehabt hätte, zu überleben.

Ich bin davon überzeugt, dass die Integration von künstlicher Intelligenz in die medizinische Diagnostik das Potenzial hat, Menschenleben zu retten und die Genauigkeit der Diagnose zu verbessern. Es ist eine Möglichkeit, menschliches Fachwissen mit maschineller Intelligenz zu kombinieren, um effizientere und genauere Ergebnisse zu erzielen.

Meine Hoffnung ist, dass in der Zukunft künstliche Intelligenz in der medizinischen Praxis weit verbreitet und zugänglich wird, um Ärzten dabei zu helfen, schnellere und genauere Diagnosen zu stellen. Niemand sollte den Verlust eines geliebten Menschen erleiden müssen, weil eine Krankheit nicht rechtzeitig erkannt wurde. Die Integration von künstlicher Intelligenz kann dazu beitragen, diese Lücke zu schließen und die Patientenversorgung auf eine neue Ebene zu heben.

Kapitel 11:
Autonome Systeme

Autonome Systeme sind ein faszinierender Zweig der künstlichen Intelligenz (KI), der die Möglichkeit bietet, komplexe Aufgaben eigenständig zu erledigen, ohne menschliche Eingriffe oder Anweisungen. Diese Systeme basieren auf fortschrittlichen Algorithmen, maschinellem Lernen und Sensortechnologien, die es ihnen ermöglichen, ihre Umgebung wahrzunehmen, Entscheidungen zu treffen und Handlungen durchzuführen.

Ein prominentes Beispiel für autonomes System ist das autonome Fahren. Selbstfahrende Autos sind mit einer Vielzahl von Sensoren wie Kameras, Radar und Lidar ausgestattet, um ihre Umgebung zu erfassen und Echtzeitdaten zu sammeln. Mithilfe von Algorithmen und maschinellem Lernen analysieren sie diese Daten, um die Straße, Verkehrsschilder, andere Fahrzeuge und Fußgänger zu erkennen.

Basierend auf diesen Informationen können sie Entscheidungen treffen, wie z.B. das Anpassen der Geschwindigkeit, das Wechseln der Fahrspur oder das Abbremsen, um Kollisionen zu vermeiden. Durch den Einsatz von autonomen Fahrzeugen besteht das Potenzial, die Verkehrssicherheit zu verbessern, Verkehrsflüsse effizienter zu gestalten und Unfälle zu reduzieren.

In der Robotik werden autonome Systeme eingesetzt, um Roboter eigenständig komplexe Aufgaben ausführen zu lassen. Diese Roboter sind in der Lage, ihre Umgebung zu erkennen, Hindernisse zu umgehen,

Gegenstände zu greifen und verschiedene Handlungen durchzuführen. Ein Beispiel ist die industrielle Robotik, bei der Roboter in der Fertigungsindustrie eingesetzt werden, um repetitive Aufgaben effizient zu erledigen. Durch den Einsatz von autonomen Robotern kann die

Produktivität gesteigert und die Genauigkeit von Produktionsprozessen verbessert werden.

Darüber hinaus können autonome Roboter auch in gefährlichen Umgebungen eingesetzt werden, wie z.B. bei der Erkundung von Katastrophengebieten oder in der Raumfahrt, um Risiken für menschliche Leben zu reduzieren.

Drohnen sind ein weiteres Beispiel für autonome Systeme. Sie können in verschiedenen Bereichen eingesetzt werden, wie z.B. Luftfotografie, Inspektion von Infrastrukturen, landwirtschaftliche Überwachung und Lieferungen. Autonome Drohnen sind in der Lage, vorprogrammierte Flugrouten abzufliegen und dabei verschiedene Sensoren zu nutzen, um ihre Umgebung zu erfassen.

Sie können Objekte erkennen, Vermessungen durchführen, Bilder und Videos aufnehmen oder sogar kleine Pakete liefern. Durch den Einsatz von autonomen Drohnen können effizientere und kostengünstigere Lösungen für verschiedene Anwendungen gefunden werden.

Auch in der Logistikbranche spielen autonome Systeme eine immer wichtigere Rolle. Sie können bei der Optimierung von Lieferketten, der Verwaltung von Lagerbeständen und der Durchführung von automatisierten Sortier- und Verpackungsprozessen eingesetzt werden. Autonome Systeme ermöglichen eine effizientere Warenverteilung, minimieren Verzögerungen und Fehler und tragen zur Kosteneinsparung bei.

Beispielsweise können autonome Roboter in Lagerhallen eingesetzt werden, um Waren zu identifizieren, zu verfolgen und zu sortieren, was die Effizienz des Logistikprozesses erheblich steigert.

Trotz der vielen Vorteile, die autonome Systeme bieten, gibt es auch Herausforderungen, die es zu bewältigen gilt. Die Sicherheit ist von größter Bedeutung, insbesondere bei autonomen Fahrzeugen, bei denen Menschenleben auf dem Spiel stehen. Es ist unerlässlich, dass autonome Systeme robuste Algorithmen und Schutzmechanismen haben, um unerwünschte Ereignisse zu vermeiden und mögliche Sicherheitslücken zu schließen. Darüber hinaus müssen rechtliche und ethische Fragen im Zusammenhang mit der Verantwortung und Haftung autonomer Systeme geklärt werden.

Autonome Systeme sind jedoch zweifellos ein aufregendes Forschungsgebiet, das das Potenzial hat, unseren Alltag zu verändern und viele Bereiche zu revolutionieren. Durch die Weiterentwicklung und den Einsatz autonomer Systeme werden wir neue Möglichkeiten zur Effizienzsteigerung, zur Verbesserung der Sicherheit und zur Automatisierung von Aufgaben erleben.
Es bleibt spannend zu beobachten, wie sich diese Technologie weiterentwickelt und welchen Einfluss sie auf unsere Gesellschaft haben wird.

Um autonome Systeme weiter zu verbessern, können verschiedene Ansätze verfolgt werden. Hier sind zwei Möglichkeiten, wie diese Systeme optimiert werden können:

- Weiterentwicklung von Algorithmen und maschinellem Lernen: Durch die kontinuierliche Forschung und Entwicklung neuer Algorithmen und Techniken des maschinellen Lernens können autonome Systeme ihre Fähigkeiten verbessern. Dies beinhaltet die Entwicklung fortschrittlicherer Methoden zur Verarbeitung und Interpretation von Sensorinformationen, zur Entscheidungsfindung und zum Lernen aus Erfahrungen. Neue Ansätze wie Deep Learning ermöglichen es den autonomen Systemen, noch komplexere Muster zu erkennen und bessere Entscheidungen zu treffen. Durch die Verbesserung der Algorithmen und des maschinellen Lernens können autonome Systeme ihre Leistungsfähigkeit und Zuverlässigkeit steigern.

- Sensor- und Datenverbesserungen: Die Qualität und Genauigkeit der Sensoren, die in autonomen Systemen verwendet werden, spielen eine entscheidende Rolle für ihre Leistung. Durch die Weiterentwicklung von Sensortechnologien können autonome Systeme präzisere und umfangreichere Informationen über ihre Umgebung erfassen. Verbesserte Kameras, Lidar-Systeme, Radarsensoren und andere Sensoren ermöglichen es den autonomen Systemen, die Umgebung detaillierter und zuverlässiger wahrzunehmen. Darüber hinaus ist die Verfügbarkeit und Qualität der Trainingsdaten von großer Bedeutung. Durch den Zugriff auf größere und vielfältigere Datensätze können autonome Systeme besser auf verschiedene Situationen und Szenarien vorbereitet werden, was ihre Fähigkeit zur Entscheidungsfindung und zur Bewältigung komplexer Herausforderungen verbessert.

Durch die Kombination dieser Ansätze - die Weiterentwicklung von Algorithmen und maschinellem Lernen sowie die Verbesserung von Sensoren und Daten - können autonome Systeme in ihrer Leistungsfähigkeit und Zuverlässigkeit weiter gesteigert werden. Dies wird dazu beitragen, ihre Anwendungsbereiche zu erweitern und neue Möglichkeiten in verschiedenen Branchen zu schaffen, von der Transportindustrie über die Robotik bis hin zur Logistik und vielen weiteren.

Kapitel 12:
Ethik und künstliche Intelligenz

Die Ethik in Bezug auf künstliche Intelligenz (KI) ist ein äußerst komplexes Thema, das viele ethische Fragen aufwirft. Mit der zunehmenden Verbreitung von KI-Technologien ist es von entscheidender Bedeutung, die moralischen und gesellschaftlichen Implikationen dieser Technologien zu verstehen und zu berücksichtigen. Im Folgenden werde ich einige der wichtigsten ethischen Aspekte im Zusammenhang mit KI ausführlich erläutern.

Ein zentraler ethischer Aspekt ist die Transparenz von KI-Systemen. Es ist wichtig zu verstehen, wie Entscheidungen von KI-Systemen getroffen werden und welche Faktoren dabei eine Rolle spielen. Transparenz ermöglicht es den Menschen, die Logik und Grundlagen hinter den Entscheidungen nachzuvollziehen und gegebenenfalls zu überprüfen. Dies ist insbesondere dann wichtig, wenn KI-Systeme in Bereichen eingesetzt werden, die erhebliche Auswirkungen auf das Leben und Wohlergehen von Menschen haben, wie beispielsweise im Gesundheitswesen oder in der Rechtsprechung.

Ein wichtiger ethischer Aspekt ist die Verantwortlichkeit von KI-Systemen. Es muss klare Verantwortlichkeiten festgelegt werden, um sicherzustellen, dass Fehler oder Vorurteile erkannt und behoben werden können. Wenn KI-Systeme beispielsweise fehlerhafte oder diskriminierende Entscheidungen treffen, müssen Mechanismen vorhanden sein, um dies zu korrigieren und die Verantwortlichen zur Rechenschaft zu ziehen. Die Verantwortlichkeit für die Entscheidungen von KI-Systemen ist von entscheidender Bedeutung, um das Vertrauen der Menschen in diese Technologien aufrechtzuerhalten.

Ein weiterer ethischer Aspekt ist die Fairness von KI-Systemen. KI-Algorithmen und -Modelle sollten so entwickelt werden, dass sie keine Diskriminierung aufgrund von Geschlecht, Rasse, Religion oder anderen persönlichen Merkmalen unterstützen. Es ist von größter Bedeutung sicherzustellen, dass KI-Systeme gerecht agieren und Menschen gleich behandeln, unabhängig von ihren individuellen Merkmalen. Dies erfordert eine sorgfältige Auswahl und Überprüfung der Trainingsdaten, um sicherzustellen, dass sie repräsentativ sind und keine Vorurteile enthalten.

Der Schutz der Privatsphäre und des Datenschutzes ist ein weiterer ethischer Aspekt, der bei der Entwicklung und Anwendung von KI-Systemen berücksichtigt werden muss. KI-Systeme verarbeiten oft große Mengen an Daten, darunter auch persönliche und sensible Informationen.
Es ist von größter Bedeutung, dass angemessene Sicherheitsmaßnahmen getroffen werden, um den Missbrauch oder unbefugten Zugriff auf diese Daten zu verhindern. Datenschutzbestimmungen und -richtlinien sollten eingehalten werden, um sicherzustellen, dass die Privatsphäre der Menschen gewahrt bleibt und ihre persönlichen Informationen geschützt sind.

Die Auswirkungen von KI auf Arbeitsplätze und die Arbeitswelt sind ebenfalls ethisch relevante Fragen. Der Einsatz von KI-Technologien kann zu Automatisierung und Effizienzsteigerungen führen, was potenziell Arbeitsplätze gefährden kann. Es ist wichtig, geeignete Maßnahmen zu ergreifen, um die Auswirkungen auf Arbeitskräfte zu mildern.

Dies kann beispielsweise die Umschulung von Mitarbeitern in neue Aufgabenfelder oder die Schaffung neuer Arbeitsplätze im Zusammenhang mit KI-Technologien umfassen. Es ist wichtig sicherzustellen, dass der Einsatz von KI nicht zu sozialer Ungleichheit oder Arbeitslosigkeit führt, sondern vielmehr Möglichkeiten für Weiterbildung und neue Arbeitsbereiche schafft.

Ein weiterer wichtiger ethischer Aspekt betrifft die Langzeitfolgen von KI auf die Gesellschaft als Ganzes. Der Einsatz von KI-Technologien hat das Potenzial, unsere Art zu leben und zu interagieren grundlegend zu verändern. Es ist wichtig, die Auswirkungen von KI-Systemen auf verschiedene gesellschaftliche Bereiche wie Bildung, Gesundheitswesen, Verkehr oder Sicherheit zu berücksichtigen. Eine umfassende Diskussion über den Einsatz von KI in diesen Bereichen ist notwendig, um sicherzustellen, dass die Technologie zum Wohl der Gesellschaft eingesetzt wird und die zugrunde liegenden ethischen Prinzipien berücksichtigt werden.

Schließlich ist die Frage nach der Autonomie und Verantwortung autonomer KI-Systeme ein wichtiger ethischer Aspekt. Wenn KI-Systeme autonom handeln und Entscheidungen treffen können, müssen klare Regeln und Richtlinien festgelegt werden, um sicherzustellen, dass ihre Handlungen im Einklang mit ethischen Prinzipien stehen.

Die Entwicklung von Mechanismen zur Überwachung und Kontrolle autonomer KI-Systeme ist von entscheidender Bedeutung, um sicherzustellen, dass sie verantwortungsbewusst handeln und keine unerwünschten oder gefährlichen Entscheidungen treffen.

Die ethischen Fragen im Zusammenhang mit künstlicher Intelligenz erfordern eine kontinuierliche und umfassende Auseinandersetzung. Es ist wichtig, dass Technologieunternehmen, Regierungen, Wissenschaftler und die Gesellschaft als Ganzes zusammenarbeiten, um ethische Richtlinien und Prinzipien zu entwickeln und zu fördern.

Nur durch eine verantwortungsvolle und ethisch fundierte Entwicklung und Anwendung von KI können wir sicherstellen, dass diese Technologie zum Wohl aller Menschen eingesetzt wird und im Einklang mit unseren moralischen und gesellschaftlichen Werten steht.

Probleme der Ki mit Ethik

Probleme zwischen künstlicher Intelligenz (KI) und Ethik können sich in verschiedenen Bereichen ergeben. Ein zentrales Problem besteht in der potenziellen Voreingenommenheit und Diskriminierung, die in KI-Systemen auftreten kann. Dies geschieht, wenn Algorithmen aufgrund von ungleichmäßigen Trainingsdaten oder Vorurteilen fehlerhafte oder diskriminierende Entscheidungen treffen. Ein Beispiel dafür ist ein KI-System, das Bewerbungsunterlagen analysiert und aufgrund von Geschlecht oder Rasse unfaire Auswahlentscheidungen trifft. Dies stellt eine ethische Herausforderung dar, da es zu Ungleichbehandlung und Diskriminierung führen kann.

Ein weiteres Problem besteht in der Transparenz von KI-Systemen. Oftmals sind die Entscheidungsprozesse von KI-Systemen komplex und für Menschen schwer nachvollziehbar. Dies kann zu einem Vertrauensverlust führen, da Menschen nicht verstehen, wie Entscheidungen getroffen werden und welche Faktoren dabei eine Rolle spielen.
Insbesondere in Bereichen wie dem Gesundheitswesen oder der Rechtsprechung, in denen KI-Systeme schwerwiegende Auswirkungen haben können, ist es von entscheidender Bedeutung, dass die Transparenz gewährleistet wird, um die Rechenschaftspflicht und das Vertrauen in die Technologie sicherzustellen.

Der Schutz der Privatsphäre und des Datenschutzes ist ein weiterer ethischer Aspekt, der bei der Entwicklung und Anwendung von KI-Systemen berücksichtigt werden muss. KI-Systeme verarbeiten oft große Mengen an Daten, darunter auch persönliche und sensible Informationen. Es ist von größter Bedeutung, dass angemessene Sicherheitsmaßnahmen getroffen werden, um den Missbrauch oder unbefugten Zugriff auf diese Daten zu verhindern.

Datenschutzbestimmungen und -richtlinien sollten eingehalten werden, um sicherzustellen, dass die Privatsphäre der Menschen gewahrt bleibt und ihre persönlichen Informationen geschützt sind.

Ein weiteres ethisches Problem betrifft die Verantwortlichkeit von KI-Systemen. Wenn KI-Systeme autonom handeln und Entscheidungen treffen können, müssen klare Regeln und Richtlinien festgelegt werden, um sicherzustellen, dass ihre Handlungen im Einklang mit ethischen Prinzipien stehen. Wenn beispielsweise ein autonomes Fahrzeug in eine potenziell gefährliche Situation gerät, stellt sich die Frage, wer die Verantwortung für die Entscheidungen des Fahrzeugs trägt.

Es ist wichtig, Mechanismen zur Überwachung und Kontrolle autonomer KI-Systeme zu entwickeln, um sicherzustellen, dass sie verantwortungsbewusst handeln und keine unerwünschten oder gefährlichen Entscheidungen treffen.

Diese Beispiele verdeutlichen die komplexen ethischen Herausforderungen im Umgang mit künstlicher Intelligenz. Es ist von entscheidender Bedeutung, diese Probleme anzuerkennen und Lösungen zu entwickeln, um sicherzustellen, dass KI-Technologien verantwortungsvoll eingesetzt werden und im Einklang mit unseren ethischen Werten stehen. Dies erfordert eine enge Zusammenarbeit zwischen Technologieunternehmen, Regierungen, Wissenschaftlern und der Gesellschaft als Ganzes, um ethische Richtlinien zu entwickeln und zu fördern, die den Schutz der Menschenrechte, die Fairness und den Nutzen für die Gesellschaft gewährleisten.

Kapitel 13:
Künstliche Intelligenz in der Wirtschaft

Künstliche Intelligenz (KI) hat in den letzten Jahren auch einen großen Einfluss auf die Wirtschaft. Im Zeitalter der Digitalisierung und des technologischen Fortschritts eröffnet KI zahlreiche Möglichkeiten, um Unternehmen dabei zu unterstützen, effizienter zu arbeiten, bessere Entscheidungen zu treffen und innovative Produkte und Dienstleistungen zu entwickeln.

Eine wichtige Anwendung von KI in der Wirtschaft ist die Automatisierung von Prozessen. Durch den Einsatz von KI-Systemen können repetitive und zeitaufwändige Aufgaben automatisiert werden, was zu einer erheblichen Steigerung der Effizienz führt. Routineaufgaben wie Datenanalyse, Kundenkommunikation oder Buchhaltung können von KI-Systemen übernommen werden, sodass Mitarbeiter sich auf anspruchsvollere und strategische Aufgaben konzentrieren können. Dies ermöglicht eine optimale Nutzung der Ressourcen und steigert die Produktivität eines Unternehmens.

Ein weiterer wichtiger Bereich, in dem KI in der Wirtschaft Anwendung findet, ist die Datenanalyse. Unternehmen verfügen über eine enorme Menge an Daten, und KI-Systeme können dabei helfen, wertvolle Erkenntnisse und Muster aus diesen Daten zu gewinnen. Durch den Einsatz von Algorithmen des maschinellen Lernens können KI-Systeme komplexe Daten analysieren, Trends identifizieren und präzise Vorhersagen treffen. Dies ermöglicht es Unternehmen, fundierte Entscheidungen zu treffen, ihre Marketingstrategien zu verbessern, Kundenbedürfnisse besser zu verstehen und personalisierte Angebote anzubieten.

Darüber hinaus ermöglicht KI auch die Entwicklung innovativer Produkte und Dienstleistungen. Durch den Einsatz von KI-Technologien können Unternehmen neue Geschäftsmodelle erschließen und sich von Wettbewerbern abheben. Beispielsweise können personalisierte Empfehlungssysteme auf Basis von KI-Algorithmen den Kunden maßgeschneiderte Vorschläge machen oder virtuelle Assistenten den Kundenservice verbessern. Diese Art von Innovationen trägt nicht nur zur Kundenzufriedenheit bei, sondern kann auch zu einer Umsatzsteigerung führen und die Wettbewerbsfähigkeit eines Unternehmens stärken.

Ein weiteres Beispiel für den Einsatz von KI in der Wirtschaft ist der Bereich des maschinellen Lernens im Finanzwesen. KI-Systeme können große Mengen an Finanzdaten analysieren und Muster erkennen, die menschlichen Analysten entgehen könnten. Dies ermöglicht eine genauere Risikobewertung, eine effizientere Portfolioverwaltung und eine frühzeitige Erkennung von Betrugsfällen. Dadurch können Finanzunternehmen fundierte Entscheidungen treffen und ihre Geschäftsprozesse optimieren.

Es ist jedoch wichtig zu beachten, dass der Einsatz von KI in der Wirtschaft auch Herausforderungen mit sich bringt. Datenschutz und Sicherheit sind beispielsweise wichtige Aspekte, die bei der Implementierung von KI-Systemen berücksichtigt werden müssen. Der verantwortungsvolle Umgang mit sensiblen Unternehmens- und Kundendaten ist von größter Bedeutung, um Datenschutzverletzungen zu verhindern und das Vertrauen der Kunden aufrechtzuerhalten.

Insgesamt bietet der Einsatz von KI in der Wirtschaft ein enormes Potenzial, um Unternehmen zu transformieren und innovative Lösungen zu entwickeln. Es eröffnet neue Möglichkeiten für Effizienzsteigerungen, datenbasierte Entscheidungsfindung und die Schaffung differenzierter Wettbewerbsvorteile. Durch eine sorgfältige Planung, Umsetzung und Überwachung können Unternehmen die Vorteile der KI nutzen und gleichzeitig sicherstellen, dass ethische Standards eingehalten und gesellschaftliche Verantwortung wahrgenommen werden.

Der Einsatz von künstlicher Intelligenz in der Wirtschaft eröffnet spannende Möglichkeiten und ist zu einem wichtigen Treiber für Innovation, Effizienzsteigerung und Wettbewerbsvorteile geworden. Unternehmen aller Branchen erkennen zunehmend den Wert und das Potenzial von KI-Technologien, um ihre Geschäftsprozesse zu optimieren und neue Wege zu beschreiten.

Im nächsten Kapitel werden wir uns mit einem weiteren faszinierenden Anwendungsbereich von künstlicher Intelligenz befassen: der künstlichen Intelligenz in der Forschung. Hier werden wir erkunden, wie KI-Technologien Forschern und Wissenschaftlern dabei helfen, komplexe Probleme zu lösen, neue Erkenntnisse zu gewinnen und bahnbrechende Entdeckungen zu machen. Die Kombination aus KI und Forschung hat das Potenzial, den Fortschritt in verschiedenen wissenschaftlichen Disziplinen zu beschleunigen und den Horizont des menschlichen Wissens zu erweitern.

Tauchen wir also ein in die faszinierende Welt der künstlichen Intelligenz in der Forschung und entdecken wir, wie diese Technologien dazu beitragen, neue wissenschaftliche Erkenntnisse zu gewinnen und die Grenzen des Machbaren weiter zu verschieben.

Kapitel 14:
Künstliche Intelligenz in der Forschung

In der heutigen Zeit hat die künstliche Intelligenz (KI) auch in der Forschung einen bedeutenden Einfluss. Die Kombination von menschlicher Intelligenz und maschineller Leistung eröffnet völlig neue Möglichkeiten, um komplexe wissenschaftliche Herausforderungen anzugehen, Daten zu analysieren und bahnbrechende Entdeckungen zu machen.

Ein Bereich, in dem KI in der Forschung eine große Rolle spielt, ist die Datenanalyse. Forscher stehen oft vor der Herausforderung, große Mengen an Daten zu verarbeiten und wertvolle Informationen daraus zu extrahieren. Hier kommen KI-Algorithmen zum Einsatz, die in der Lage sind, Muster und Zusammenhänge in den Daten zu erkennen, komplexe Modelle zu entwickeln und präzise Vorhersagen zu treffen. Diese Datenanalyse mit KI ermöglicht es Forschern, neue Erkenntnisse zu gewinnen, Hypothesen zu testen und wissenschaftliche Theorien zu validieren.

Ein wichtiger Aspekt von KI in der Forschung ist die Unterstützung bei der Entdeckung neuer Medikamente und Behandlungsmethoden. Die Suche nach neuen Arzneimitteln erfordert oft jahrelange Forschung und komplexe Analysen. KI kann dabei helfen, diesen Prozess zu beschleunigen, indem sie große Datenbanken durchsucht, Muster in vorhandenen Medikamenten identifiziert und neue Wirkstoffkandidaten vorschlägt. Dies ermöglicht es Forschern, gezieltere und effizientere Ansätze zur Entwicklung von Medikamenten zu verfolgen und potenziell lebensrettende Therapien zu entdecken.

Des Weiteren spielt KI eine wichtige Rolle in der Robotik und Automatisierung von Laboren. Roboter können mit Hilfe von KI-Systemen Aufgaben wie das Durchführen von Experimenten, das Präparieren von Proben und das Sammeln von Daten übernehmen. Dadurch wird nicht nur die Genauigkeit und Effizienz verbessert, sondern auch das Potenzial für neue Entdeckungen erweitert. KI-gesteuerte Roboter können komplexe Experimente durchführen, Daten in Echtzeit analysieren und Forschern dabei helfen, neue Erkenntnisse zu gewinnen.

Ein anderes Feld, in dem KI in der Forschung eingesetzt wird, ist die Analyse von wissenschaftlichen Texten und Publikationen. Mit Hilfe von KI-Systemen können Forscher große Mengen an wissenschaftlicher Literatur durchsuchen, relevante Informationen extrahieren und Zusammenhänge zwischen verschiedenen Forschungsarbeiten herstellen. Dies erleichtert den Zugang zu relevanten Informationen und trägt zur Beschleunigung des wissenschaftlichen Fortschritts bei.

Es ist jedoch wichtig zu betonen, dass KI in der Forschung kein Ersatz für menschliche Kreativität und Intuition ist. KI-Systeme können zwar bei der Analyse von Daten unterstützen und Muster erkennen, aber die Interpretation der Ergebnisse und die Formulierung neuer Hypothesen bleibt letztendlich Aufgabe der Forscher. Die enge Zusammenarbeit zwischen Mensch und Maschine ist entscheidend, um das volle Potenzial von KI in der Forschung auszuschöpfen.

Insgesamt eröffnet die Integration von künstlicher Intelligenz in die Forschung ein breites Spektrum an Möglichkeiten. Sie unterstützt Forscher bei der Datenanalyse, der Medikamentenentwicklung, der Laborautomatisierung und der wissenschaftlichen Textanalyse. Durch die Kombination von menschlicher Kreativität und maschineller Leistung kann KI in der Forschung dazu beitragen, den wissenschaftlichen Fortschritt zu beschleunigen, neue Erkenntnisse zu gewinnen und die Grenzen des Machbaren zu erweitern.

Kapitel 15:

Zukunftsprognosen und Herausforderungen

Die Zukunft der künstlichen Intelligenz (KI) birgt sowohl aufregende Chancen als auch herausfordernde Aspekte. In diesem Kapitel werden wir uns mit den Prognosen für die Zukunft von KI und den damit verbundenen Herausforderungen beschäftigen.

Es ist unbestreitbar, dass KI in den kommenden Jahren weiterhin eine immer größere Rolle spielen wird. Viele Experten sind der Ansicht, dass KI-Technologien in nahezu allen Bereichen des Lebens und der Wirtschaft präsent sein werden. Von selbstfahrenden Autos über intelligente Assistenten bis hin zur personalisierten Medizin - die Anwendungsmöglichkeiten von KI sind vielfältig und eröffnen neue Horizonte.

Eine der großen Herausforderungen, die mit der Weiterentwicklung von KI einhergehen, ist die Frage der Ethik. Wie können wir sicherstellen, dass KI-Systeme ethisch verantwortungsvoll handeln und unsere Werte und Normen respektieren?
Die Entwicklung von Richtlinien und Standards für den verantwortungsvollen Einsatz von KI wird eine wichtige Aufgabe sein, um sicherzustellen, dass KI im Einklang mit unseren gesellschaftlichen und moralischen Grundsätzen agiert.

Ein weiteres zentrales Thema ist die Frage der Arbeitsplatzveränderung und -verdrängung durch KI. Es ist unbestreitbar, dass KI-Systeme in vielen Bereichen menschliche Arbeitskraft ersetzen können. Dies kann zu einer Umgestaltung des Arbeitsmarktes und zu sozialen Herausforderungen führen.
Es ist daher wichtig, Strategien zu entwickeln, um die Auswirkungen von KI auf den Arbeitsmarkt zu bewältigen, etwa durch die Förderung von lebenslangem Lernen und die Schaffung neuer Arbeitsmöglichkeiten.

Ein weiterer wichtiger Aspekt ist die Datenschutzproblematik. KI-Systeme basieren auf großen Datenmengen und erfordern den Zugriff auf persönliche Informationen. Es ist von entscheidender Bedeutung, sicherzustellen, dass die Privatsphäre der Nutzer geschützt und die Daten verantwortungsvoll verwendet werden.

Die Entwicklung von robusten Datenschutzrichtlinien und die Gewährleistung von Transparenz und Kontrolle für die Nutzer sind hierbei von großer Bedeutung.

Neben diesen Herausforderungen gibt es auch noch weitere Aspekte, die in der Zukunft von KI relevant sein werden. Dazu gehören Fragen der Sicherheit von KI-Systemen, der Verantwortung bei Entscheidungen von KI-Systemen und der Weiterentwicklung von KI-Algorithmen.

Es ist wichtig, dass wir uns diesen Prognosen und Herausforderungen bewusst sind und aktiv an Lösungen arbeiten. Die Zusammenarbeit von Experten aus verschiedenen Bereichen wie Wissenschaft, Industrie und Politik wird von großer Bedeutung sein, um die Zukunft von KI zu gestalten und sicherzustellen, dass sie zum Wohl der Gesellschaft eingesetzt wird.

Zwei Möglichkeiten in die sich die künstliche Intelligenz entwickeln könnte:

☐ Fortschritte im Bereich der Generativen KI:

Generative KI bezieht sich auf Systeme, die in der Lage sind, eigenständig neue Inhalte zu generieren, sei es in Form von Texten, Bildern, Musik oder sogar Videos. Während bereits beeindruckende

Ergebnisse erzielt wurden, gibt es noch viel Raum für Verbesserungen. In der Zukunft könnten wir fortschrittlichere generative KI-Modelle sehen, die noch realistischere und überzeugendere Inhalte erzeugen können. Dies könnte dazu führen, dass KI-Systeme in der Lage sind, komplexe literarische Werke zu verfassen, hochwertige Kunstwerke zu schaffen oder sogar realistische virtuelle Welten zu generieren.

⬜ KI in der Robotik:

Ein weiteres aufregendes Entwicklungsfeld ist die Integration von künstlicher Intelligenz in Robotiksysteme. Während Roboter bereits in verschiedenen Bereichen eingesetzt werden, könnten zukünftige KI-gesteuerte Roboter über fortschrittliche kognitive Fähigkeiten verfügen. Sie könnten in der Lage sein, komplexe Aufgaben eigenständig auszuführen, sich an wechselnde Umgebungen anzupassen und mit Menschen auf natürliche Weise zu interagieren. Denken Sie zum Beispiel an Roboter-Assistenten in der Pflege, die ältere Menschen unterstützen, oder an autonome Roboter in der Landwirtschaft, die Pflanzen erkennen und gezielt behandeln können. Durch die Kombination von KI und Robotik könnten wir eine Vielzahl neuer Anwendungen sehen, die unser tägliches Leben und verschiedene Branchen revolutionieren.

Diese Beispiele sind nur eine kleine Auswahl der vielen Möglichkeiten, wie sich künstliche Intelligenz in Zukunft weiterentwickeln könnte. Es bleibt spannend, zu beobachten, wie sich die Technologie entwickelt und welche bahnbrechenden Anwendungen und Innovationen sie mit sich bringt.

Kapitel 16:

Künstliche Intelligenz in der Popkultur

Die Welt der Popkultur ist ein faszinierendes Reich, das sich ständig weiterentwickelt und mit neuen Trends und Ideen überrascht. Inmitten dieses kreativen Schmelztiegels hat auch die künstliche Intelligenz (KI) ihren festen Platz gefunden. Von Filmen über Bücher bis hin zu Musik und Videospielen - die Popkultur hat die KI als ein Thema erfasst, das unsere Vorstellungskraft beflügelt und uns zum Nachdenken über die Grenzen des Menschlichen anregt.

Im Kino hat die KI die Leinwand erobert und unsere Fantasie mit faszinierenden Geschichten gefangen genommen. Filme wie "Blade Runner" und "Ex Machina" haben uns in eine Welt entführt, in der intelligente Roboter und künstliche Wesen unsere Gesellschaft herausfordern.

Diese Filme stellen nicht nur eine technologische Zukunft dar, sondern regen auch zur Reflexion über tiefgründige Fragen an. Was definiert die Menschlichkeit? Können Maschinen ein Bewusstsein entwickeln? Wie beeinflusst die Interaktion zwischen Mensch und Maschine unsere Vorstellung von Identität und Moral? Die KI in der Popkultur gibt uns die Möglichkeit, diese Fragen zu erforschen und unsere eigenen Ansichten darüber zu entwickeln.

Auch in der Literatur hat die KI ihren Weg gefunden und zahlreiche Meisterwerke der Science-Fiction hervorgebracht. Autoren wie Isaac Asimov, Philip K. Dick und William Gibson haben mit Werken wie "I, Robot", "Do Androids Dream of Electric Sheep?" und "Neuromancer" die Grundlagen für das Genre der KI-Literatur geschaffen.

Diese Bücher lassen uns in faszinierende Welten eintauchen, in denen KI-Systeme komplexe Moralvorstellungen haben, um Autonomie kämpfen oder gar die Kontrolle übernehmen. Sie laden uns ein, über die Auswirkungen von KI auf unsere Gesellschaft nachzudenken und die Grenzen der menschlichen Vorstellungskraft zu erkunden.

Neben Film und Literatur hat die KI auch die Musikwelt erreicht. Künstler wie Kraftwerk, Daft Punk und Radiohead haben in ihren Songs Themen wie Technologie, Robotik und die Beziehung zwischen Mensch und Maschine aufgegriffen. Die Musik wird zu einem Medium, das uns auf emotionaler Ebene mit KI verbindet. Sie lässt uns über die möglichen Auswirkungen von KI auf die Kunstproduktion nachdenken und regt uns dazu an, unsere eigenen Beziehungen zur Technologie zu reflektieren.

Auch Videospiele bieten uns die Möglichkeit, interaktiv in die Welt der KI einzutauchen. Spiele wie "Portal", "Deus Ex" und "Detroit: Become Human" präsentieren uns komplexe Geschichten und Entscheidungen, die den Verlauf der Handlung beeinflussen. Diese Spiele stellen uns vor moralische Dilemmata, in denen wir mit KI-Charakteren interagieren und uns mit den ethischen Herausforderungen einer technologischen Zukunft auseinandersetzen. Sie bieten uns die Möglichkeit, die KI aus erster Hand zu erleben und unsere eigenen Urteile und Entscheidungen zu treffen.

Die KI in der Popkultur ermöglicht es uns, über die Möglichkeiten und Risiken der künstlichen Intelligenz nachzudenken und unsere eigenen Ängste und Hoffnungen zu reflektieren. Sie dient als Quelle der Inspiration, aber auch als Warnung vor den Konsequenzen eines unüberlegten technologischen Fortschritts.

Durch Filme, Bücher, Musik und Videospiele eröffnet uns die Popkultur einen Raum, in dem wir die Wechselwirkungen zwischen Mensch und Maschine erkunden und uns mit den moralischen, ethischen und existentiellen Fragen der KI auseinandersetzen können.

Die Welt der künstlichen Intelligenz in der Popkultur ist faszinierend und vielfältig. Sie lässt uns eintauchen in Welten, in denen die Grenzen zwischen Mensch und Maschine verschwimmen und in denen wir die Auswirkungen von KI auf unsere Gesellschaft, unsere Identität und unsere Zukunft erforschen können. Lasst uns weiterhin die Geschichten, Filme, Bücher, Lieder und Spiele genießen, die uns dazu anregen, über die Chancen und Herausforderungen der künstlichen Intelligenz nachzudenken und neue Perspektiven zu gewinnen.

Kapitel 17; Zusammenfassung und Ausblick

In diesem Buch haben wir uns mit dem faszinierenden Feld der KI auseinandergesetzt und verschiedene Aspekte und Anwendungen dieser Technologie erkundet. Lassen Sie uns nun einen Blick auf das Gesamtbild werfen und die wichtigsten Erkenntnisse zusammenfassen.

Im ersten Kapitel haben wir die Grundlagen der künstlichen Intelligenz betrachtet. Wir haben gelernt, dass KI sich mit der Entwicklung von Maschinen und Systemen befasst, die in der Lage sind, menschenähnliche Intelligenz aufzuweisen. Dabei haben wir verschiedene Arten von KI kennengelernt, von der schwachen KI, die spezifische Aufgaben erfüllt, bis hin zur starken KI, die ein allgemeines Verständnis und Lernfähigkeit besitzt.

Im Kapitel "Maschinelles Lernen" haben wir uns mit einer der Schlüsseltechnologien der künstlichen Intelligenz beschäftigt. Maschinelles Lernen ermöglicht es Computern, aus Daten zu lernen und Muster zu erkennen, ohne explizit programmiert zu werden. Wir haben verschiedene Arten des maschinellen Lernens kennengelernt, wie überwachtes und unüberwachtes Lernen, sowie deren Anwendungen in Bereichen wie Bilderkennung, Sprachverarbeitung und Vorhersageanalysen.

Das Kapitel "Neuronale Netzwerke" hat uns einen tieferen Einblick in eine spezielle Form des maschinellen Lernens gegeben. Neuronale Netzwerke sind von der Funktionsweise des menschlichen Gehirns inspiriert und bestehen aus künstlichen Neuronen, die miteinander verbunden sind.
Wir haben gesehen, dass neuronale Netzwerke komplexe Muster erkennen und Aufgaben wie Gesichtserkennung, Sprachübersetzung und Entscheidungsfindung meistern können.

Im Kapitel "Deep Learning" haben wir eine Weiterentwicklung des maschinellen Lernens betrachtet. Deep Learning nutzt tiefe neuronale Netzwerke mit vielen Schichten, um noch komplexere Aufgaben zu bewältigen. Wir haben die beeindruckenden Fortschritte im Bereich des Deep Learning gesehen, insbesondere in der Bild- und Spracherkennung sowie in der autonomen Fahrzeugtechnologie.

Die Anwendung von künstlicher Intelligenz in verschiedenen Bereichen wurde in den Kapiteln über KI in der Wirtschaft, der Medizin, der

Forschung und der Popkultur betrachtet. Wir haben die Vorteile und Herausforderungen der Integration von KI in diese Bereiche beleuchtet und gesehen, wie KI Innovationen vorantreibt, Prozesse optimiert und neue Möglichkeiten schafft.

Abschließend ist es wichtig, über die ethischen Implikationen von künstlicher Intelligenz nachzudenken. Im Kapitel "Ethik und künstliche Intelligenz" haben wir über Themen wie Datenschutz, Transparenz, Fairness und Verantwortung diskutiert. Es ist von entscheidender Bedeutung, dass wir KI verantwortungsvoll entwickeln und einsetzen, um sicherzustellen, dass sie zum Wohl der Gesellschaft beiträgt.

Der Ausblick auf die Zukunft der künstlichen Intelligenz ist voller Potenzial und Herausforderungen. Wir können erwarten, dass KI in immer mehr Bereichen unseres Lebens Einzug hält und neue Möglichkeiten eröffnet. Gleichzeitig müssen wir uns mit den ethischen, sozialen und rechtlichen Fragen auseinandersetzen, die mit der weiteren Entwicklung von KI verbunden sind.

Insgesamt haben wir in diesem Buch einen umfassenden Einblick in das faszinierende Feld der künstlichen Intelligenz gewonnen. Von den Grundlagen bis hin zu konkreten Anwendungen haben wir gesehen, wie KI unsere Welt verändert und neue Perspektiven eröffnet. Es liegt an uns, die Entwicklung von künstlicher Intelligenz voranzutreiben und sie zum Wohl der Menschheit einzusetzen.

Schlusswort

Mit diesem Buch über künstliche Intelligenz haben wir eine spannende Reise in die Welt der intelligenten Maschinen unternommen. Wir haben die Grundlagen der KI kennengelernt, verschiedene Techniken wie maschinelles Lernen und neuronale Netzwerke erforscht und die vielfältigen Anwendungen von KI in verschiedenen Bereichen wie Wirtschaft, Medizin, Forschung und Popkultur erkundet.

Die künstliche Intelligenz hat das Potenzial, unsere Welt grundlegend zu verändern. Sie ermöglicht uns neue Erkenntnisse zu gewinnen, effizientere Prozesse zu entwickeln und innovative Lösungen für komplexe Probleme zu finden. Gleichzeitig werfen die Entwicklungen in der KI auch wichtige ethische

Fragen auf, die wir nicht ignorieren dürfen. Es liegt in unserer Verantwortung, sicherzustellen, dass die künstliche Intelligenz zum Wohl der Gesellschaft eingesetzt wird.

Ich hoffe, dass dieses Buch Ihnen einen umfassenden Einblick in die Welt der künstlichen Intelligenz gegeben hat. Es ist jedoch nur der Anfang. Die Reise in die faszinierende Welt der Technologie hat viele weitere Facetten zu bieten. Wenn Sie mehr über verwandte Themen erfahren möchten, lade ich Sie herzlich ein, einen Blick in die anderen Bücher der "Einfach erklärt"-Reihe zu werfen. Dort finden Sie weitere spannende Themen wie Robotik, virtuelle Realität, Blockchain und vieles mehr.

Ich danke Ihnen für Ihre Aufmerksamkeit und hoffe, dass Sie von diesem Buch profitiert haben. Die künstliche Intelligenz wird zweifellos eine immer größere Rolle in unserem Leben spielen. Lassen Sie uns mit Neugierde und Verantwortungsbewusstsein weiterhin in die Welt der Technologie eintauchen und gemeinsam die Chancen und Herausforderungen der künstlichen Intelligenz erforschen.

Alles Gute auf Ihrer weiteren Entdeckungsreise!